Orla Uan ar Scoil

Eibhlín Uí Iarlaithe
maisithe ag Dómhnal Ó Bric

"Tar ar scoil liom amárach," arsa Ruairí le hOrla Uan.
"An gceapann tú go bhféadfainn dul? An bhfuil tú cinnte?" arsa Orla Uan go ríméadach.
"Cinnte," arsa Ruairí. "Piocfad féin agus mo Mhamaí suas tú ar a ceathrú chun a naoi."

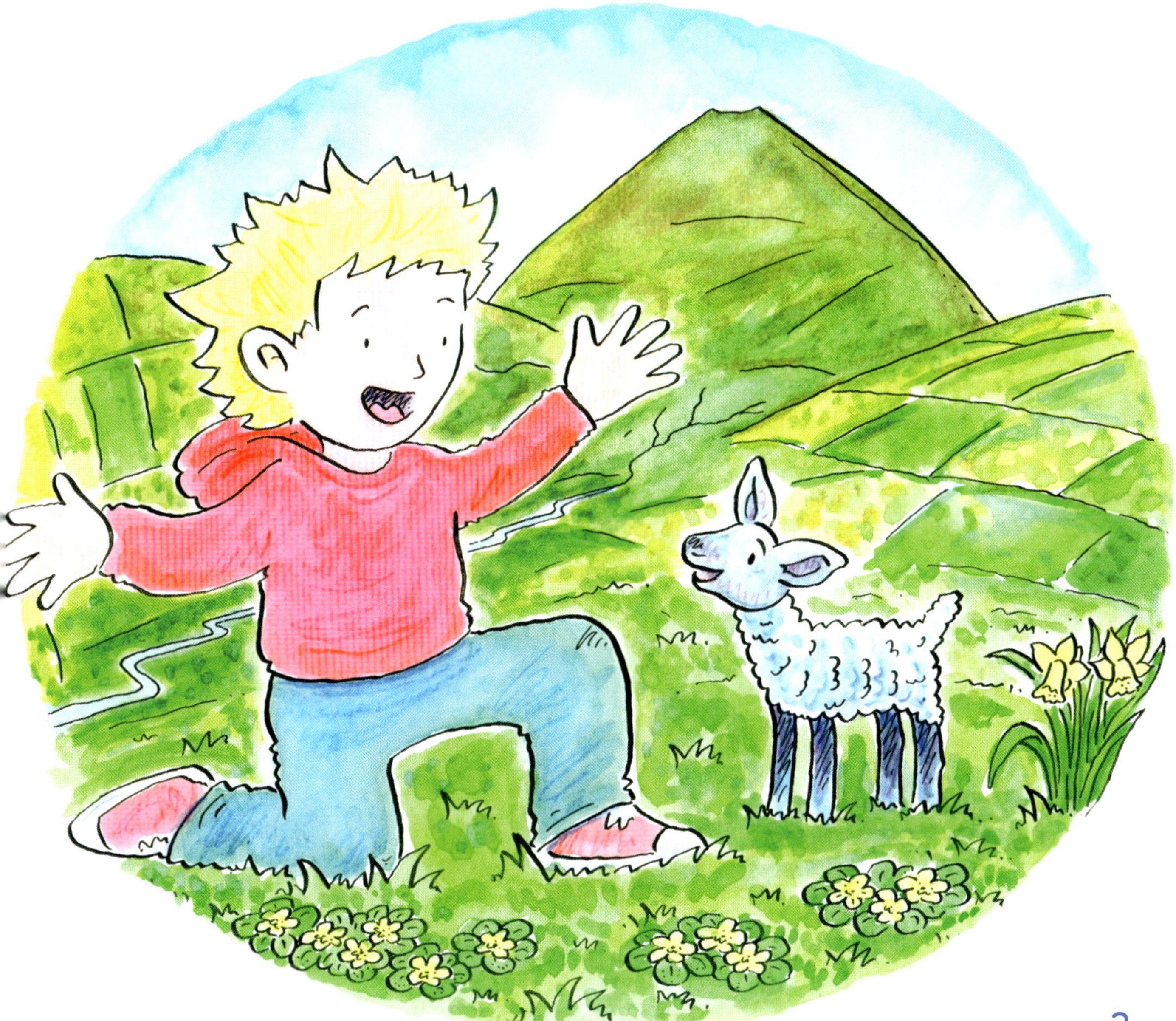

Bhí Orla Uan ullamh go luath ar maidin. Bhí sceitimíní áthais uirthi agus í ag fanacht le Ruairí. "Tá súil agam go mbeidh sé anseo sara fada," ar sise. "Ní féidir liom fanacht le dul ar scoil."
Bí i d'uainín maith ar scoil inniu," arsa Ciara Caora léithe.

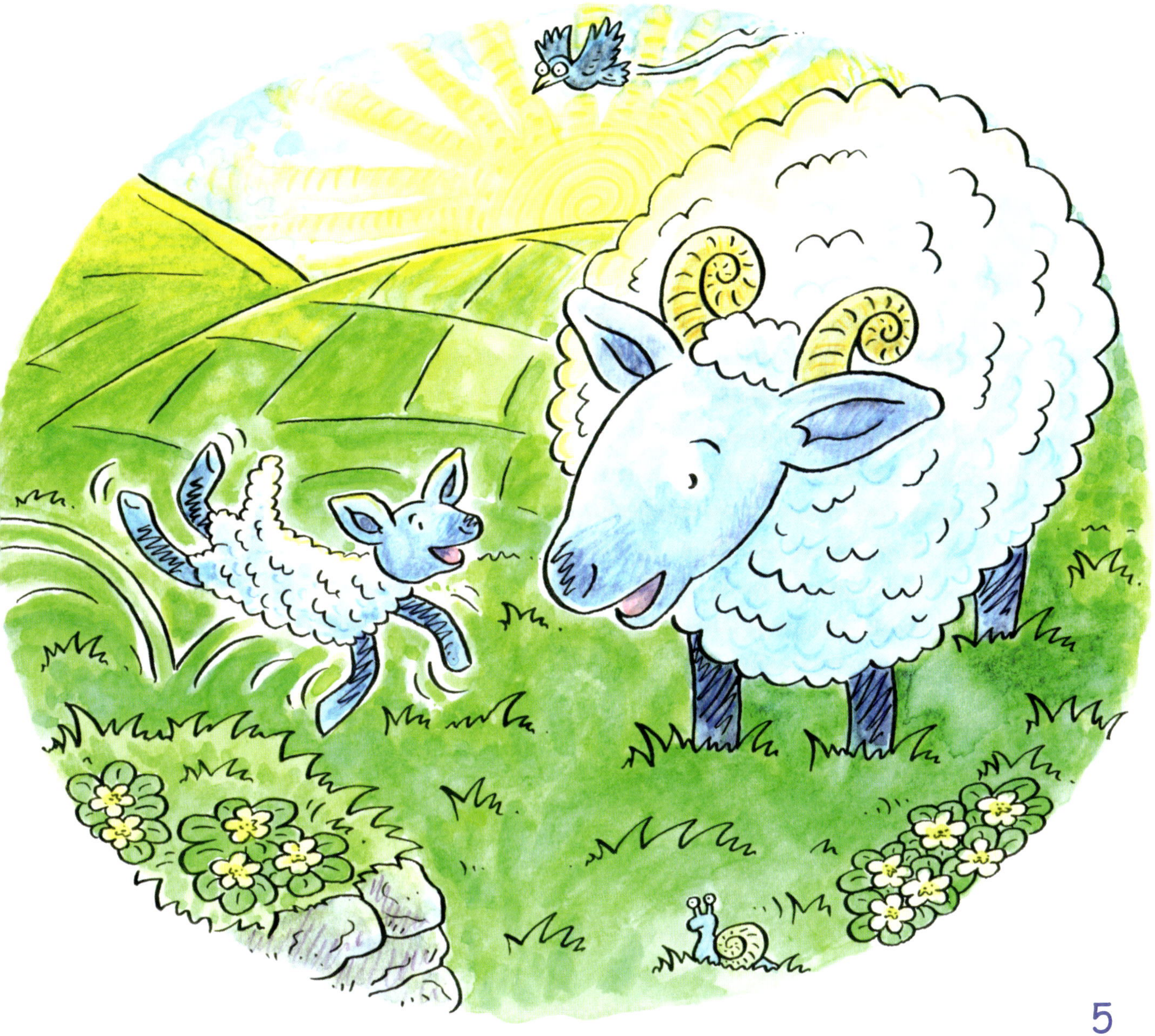

Ar a ceathrú chun a naoi chuala Orla Uan an chairt ag teacht. Cairt bheag bhuí a tháinig timpeall an chúinne. Ruairí agus a mháthair, Máire, a bhí ann. Bhíodar tagaithe chun Orla Uan a thabhairt ar scoil. "Slán go fóill, a Orla," arsa Ciara Caora. "Bíodh lá deas agat".

7

D'oscail Ruairí doras na cairte agus léim Orla Uan isteach taobh leis.

"Cuir ort do chrios sábhála," arsa Ruairí léithe, "nó ní bheidh mo Mhamaí sásta leat."

Cheangail Orla Uan an crios agus as go brách leo síos an bóthar chun na scoile.

9

A leithéid de ghleo, de scréachaigh, de gháirí, de rith agus de rás ní fhaca ná níor chuala Orla Uan riamh. Bhí na leanaí go léir sa chlós ag imirt agus tháinig saghas eagla ar Orla Uan rompu. Bhí an iomarca daoine beaga ann!

"Ná bac san," arsa Ruairí. "Ní baol duit na leanaí seo. Is iad seo mo chairde go léir. Téanam ort agus buailfidh sibh le chéile anois. Déanfaidh tú ana-chuid cairde nua inniu."

11

Léim Ruairí amach as an gcairt agus lean Orla Uan é. Stop na leanaí den imirt agus ritheadar go léir sall go dtí Ruairí. Bhí cad é iontas orthu nuair a chonaiceadar cé 'bhí ina theannta.

"Seo í mo chara, Orla Uan," arsa Ruairí go mórálach, "agus tá sí chun an lá inniu a chaitheamh ar scoil inár dteannta."

"An ag magadh fúinn atá tú?" arsa Colm, leanbh ó Rang a Trí.

"Ní hea ná é. Ní gnáthuan í seo in aon chor ach uan draíochta. Tá sí ábalta labhairt agus tá Gaelainn bhreá líofa aici."

Leath na súile ar na leanaí sa chlós. Uan a bhí ábalta labhairt agus í tagaithe ar scoil chucu féin inniu! Ó bheadh ana-lá acu.

13

Leis sin bhuail clog na scoile. Sheas na leanaí go léir i línte agus isteach ar scoil leo go béasach, Orla Uan ina measc.

"Cé hí seo?" arsa an múinteoir nuair a chonaic sí Orla Uan.

"Seo í mo chara, Orla Uan," arsa Ruairí, "agus tá sí chun an lá a chaitheamh ar scoil inár bhfochair, muna miste leat."

"Uan ar scoil?" arsa an múinteoir go hamhrasach.

"Is uan ana-speisialta í seo agus tá sí ábalta labhairt," arsa Ruairí go tapaidh.

"Ó cífidh Seán a thuilleadh," arsa an múinteoir agus í ag tochas a cinn.

"Cad is ainm duit, a uainín bhig?"

"Orla a ghlaonn siad orm," arsa Orla Uan go scáfar.

"Tá fáilte romhat agus tá súil agam go dtaitneoidh an lá leat," arsa an múinteoir go cneasta le hOrla Uan. "Suigh síos ansan thall in aice le Ruairí."

15

"Tá do mhúinteoir ana-dheas," arsa Orla Uan le Ruairí.

"Tá a fhios agam go maith é," arsa Ruairí. Thosnaigh an múinteoir ar cheacht léitheoireachta a mhúineadh agus thaitin an scéal go mór le hOrla Uan cé nach raibh sí féin ábalta léamh fós.

Ansan cé 'ghaibh an doras isteach ach Seán, an múinteoir rince.

"Beidh ana-spórt anois againn," arsa Ruairí. "Fan go bhfeicfir".

PÁIPÉAR

17

"Tá dalta breise inniu againn," arsa na daltaí le Seán, an múinteor rince. "Seo í Orla Uan."

"An bhfuil sibh ag magadh ar fad fúm?" arsa Seán, an múinteoir rince. "Uan ar scoil?"

"Uan draíochta speisialta is ea í seo," arsa Ruairí. "Tá sí ábalta labhairt agus tuigeann sí gach aon fhocal."

"Ar mhaith leat rince a fhoghlaim?" arsa Seán, an múinteoir rince, le hOrla Uan.

"Ba bhreá liom é, muna miste leat," arsa Orla Uan go béasach.

"Tá fáilte is fiche romhat mar sin," arsa Seán. "Inniu déanfaimid cleachtadh ar an 1 2 3 ar dtús. Cuiríg amach bhur gcos dheas."

Bhí Orla Uan i bponc. Bhí dhá chos dheas aici agus dhá chos chlé! Cad a dhéanfadh sí in aon chor?

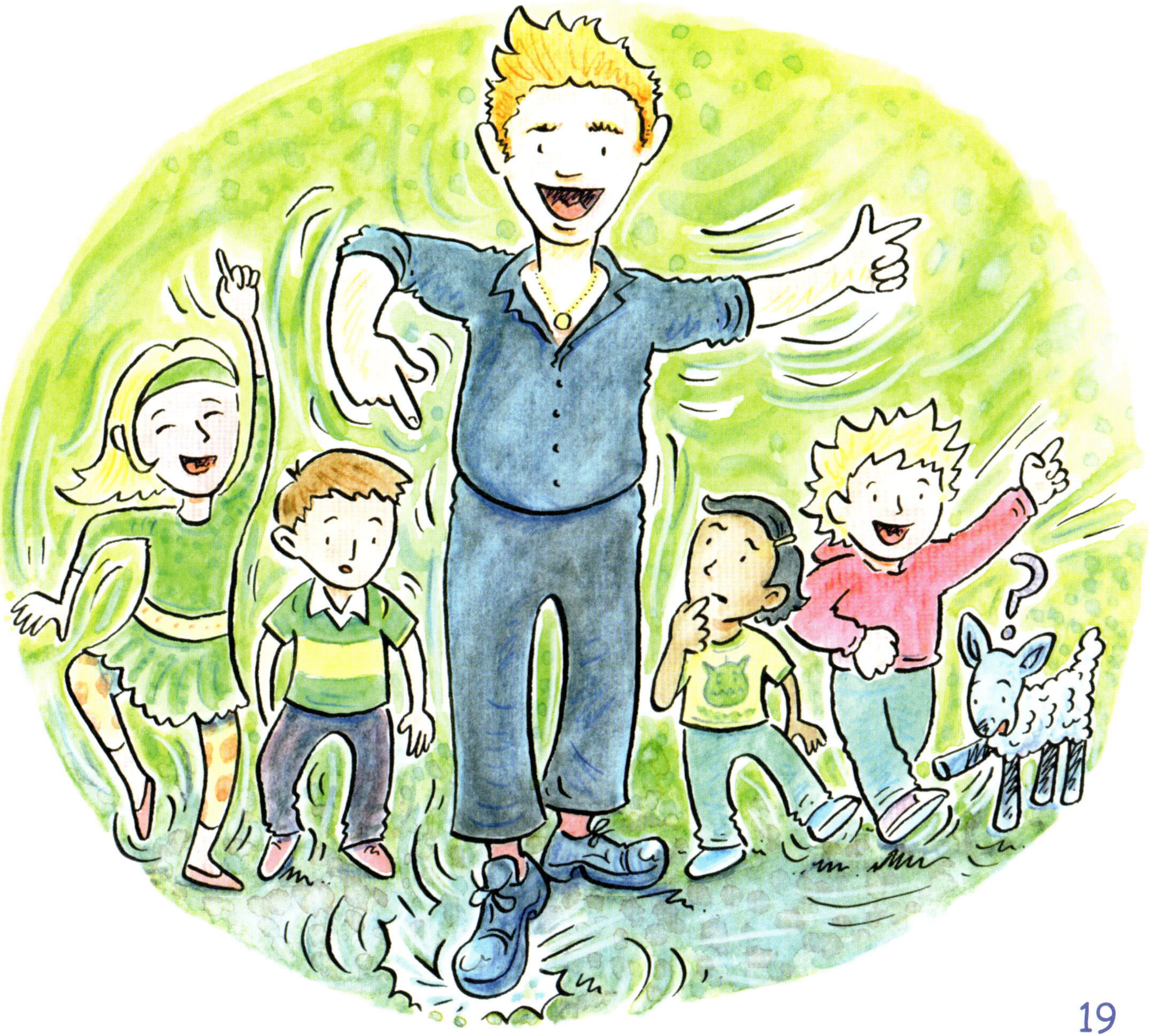

"A Ruairí," ar sí. "Cad a dhéanfad in aon chor?"
"Seas suas ar do dhá chos deiridh," arsa Ruairí léithe, "agus béarfadsa ar do dhá chrúb tosaigh chun ná titfidh tú."
Dhein Orla Uan mar a dúirt Ruairí léithe agus is gearr go raibh sí ag rince. Bhí sí go hiontach ar fad. Bhí sí chomh héadrom le druid ag pocléimneach agus ag déanamh an 1 2 3, agus Ruairí ag breith ar chrúba uirthi! Bhí greim docht aige uirthi agus bhí cuma an tseoigh i gceart ar an mbeirt acu.

21

Nuair a bhí an rang rince críochnaithe, bhí am lóin ann. D'ith gach éinne a lón go tapaidh, d'óladar deoch agus amach sa chlós leo go léir go glórmhar. Bhí ana-chuileachta ar fad acu agus bhí Orla Uan chomh sásta le rí ina measc.

Bhí cluiche caide acu agus d'imir Orla Uan i lár na páirce. Bhí sí ábalta léimeadh in airde san aer agus an chaid a bhualadh lena ceann, go dtí Ruairí gan dabht. Scóráil sé dhá bháide agus dhá phointe an lá san agus b'é laoch na himeartha é.

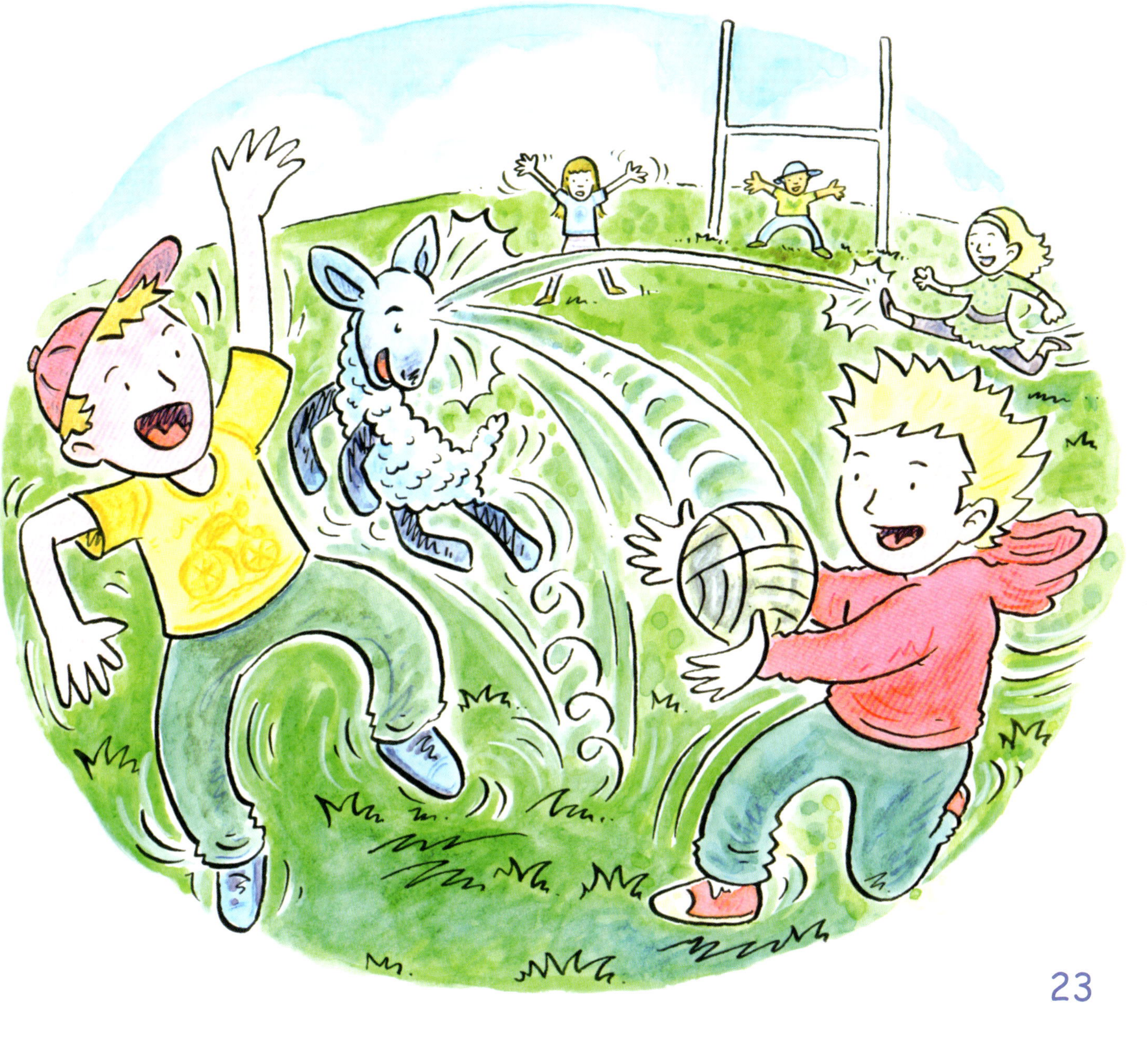

D'imigh an lá ana-thapaidh. Thaitin an rang amhránaíochta a bhí acu tar éis lóin go mór le hOrla Uan.
"An Poc ar Buile" a chan an rang agus cheap Orla Uan go raibh an curfá ar fheabhas ar fad.
"Alliliú, puilliliú, alliliú tá'n poc ar buile."

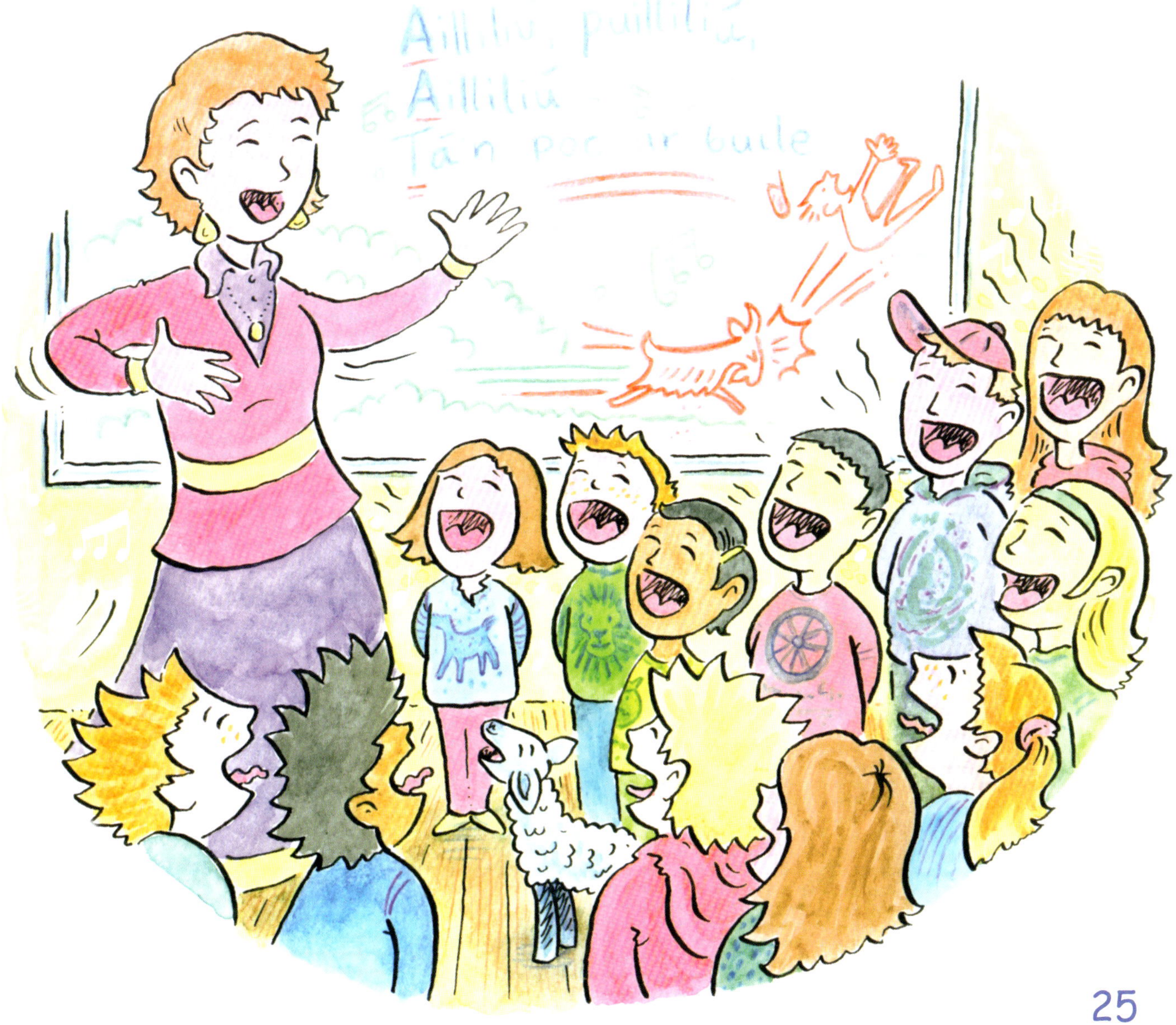
Aillilú, puillilú,
Aillilú
Tá'n poc ar buile

Díreach roimh dheireadh an lae chuir an múinteoir liosta suas ar an gclár bán. Tháinig saghas pus ar chúpla leanbh.

"Cad 'tá suas?" arsa Orla Uan.

"Sin í an obair bhaile a chaithfimid a dhéanamh anocht," arsa Ruairí, "agus ní lú linn an sioc ná obair bhaile!"

"Nach diail an seans atá liomsa," arsa Orla Uan. "Ní chuirfidh obair bhaile aon mhairg go deo orm."

"Nach breá dhuit é," arsa Ruairí léithe.

27

Ar a trí a chlog bhí an lá scoile críochnaithe agus tháinig Máire arís ina cairt bheag bhuí chun Ruairí agus Orla Uan a bhailiú ón scoil. Ghaibh Orla Uan buíochas leis an múinteoir agus d'fhág sí slán ag na leanaí go léir. Dúradar léithe teacht arís lá éigin eile agus gheall sí go dtiocfadh agus go ndéanfadh sí cleachtadh ar an rince agus ar an bPoc ar Buile idir an dá linn.

29

Chodail Orla Uan go sámh an oíche san … ag taibhreamh ar an gcluiche caide, ar an rince agus ar ALLILIÚ, PUILLILIÚ….

31

Buíochas

Buíochas ó chroí le Máire Breatnach agus lena mac Ruairí as mé a spreagadh arís chun an scéilín seo a scríobh. Ba mhaith liom mo bhuíochas a chur in iúl leis do Chaitríona Ní Chathail agus do Mháire Ní Scannláin (Oidhreacht Chorca Dhuibhne), do Donogh Hennessy (Stiúideo Mhic an Daill) agus do Shláine Ní Chathalláin.

Táim go mór fé chomaoin leis ag mo mhac Cian Ó hIarlaithe a chan, ag mac mo dhearthár Liam Ó Beaglaoich a sheinn an ceol ar an ndlúthdhiosca, ag Dómhnal Ó Bric a dhein na learáidí iontacha, ag Feargal Mac Amhlaoibh (Inné, Dún Chaoin) a dhein an dearadh agus ag Orlaith Ruiséal, (Tús Maith agus Oidhreacht Chorca Dhuibhne) a chomhordaigh an togra. Mo cheol sibh go léir!

Nótaí ar an téacs

An Fhoirm Tháite de na briathra, mar atá i nGaeilge Chorca Dhuibhne, atá sa scéal seo tríd síos. Tá leaganacha eile de na briathra de réir na foghraíochta sa chanúint ann, agus anseo thíos tá gluais do leaganacha canúnacha eile ó Chorca Dhuibhne atá in úsáid ag an údar:

(i) Leathanaigh 4, 8, 20, 26 & 28: léithe = léi
(ii) Leathanaigh 6 & 12: an chairt = an carr = an gluaisteán
(iii) Leathanaigh 6 & 12: tagaithe = tagtha
(iv) Leathanaigh 10, 22 & 30: san = sin
(v) Leathanaigh 10, 12, 14, 16, 22, 24: ana-lá = an-lá; ana-chuid = an-chuid; ana-speisialta = an-speisialta; ana-dheas = an-deas; ana-spórt = an-spórt; an-chuileachta; ana-thapaidh = an-tapaidh
(vi) Leathanach 12: cé 'bhí = cé a bhí
(vii) Leathanach 14: ansan = ansin
(viii) Leathanach 14: cé 'ghaibh = cé a ghabh
(ix) Leathanach 16: cuiríg = cuirigí
(x) Leathanach 18: ar dtúis = ar dtús
(xi) Leathanach 18: dhá chos dheas = dhá chos dheasa
(xii) Leathanach 20: dhá chos deiridh = dhá chos dheiridh
(xiii) Leathanach 20: chun ná titfidh = chun nach dtitfidh
(xiv) Leathanach 20: dhá chrúb tosaigh = dhá chrúb thosaigh
(xv) Leathanach 22: cluiche caide = cluiche peile; an chaid = an liathróid; dhá bháide = dhá chúl
(xvi) Leathanach 28: ghaibh = ghabh